27
L n 14144.

NOTICE NÉCROLOGIQUE

SUR M. LE DOCTEUR

MAXIMILIEN MICHELIN

Président de l'Association des Médecins de Provins.

Extrait du Compte Rendu

Par M. le Docteur CHEVALIER, Secrétaire.

Messieurs et chers Confrères,

Notre bien-aimé Président commençait son discours à l'Assemblée générale du Jeudi 4 mai dernier, en se félicitant de ce que la mort avait respecté nos rangs : deux mois ne se sont pas écoulés que cette parole amie s'est éteinte, et le deuil nous a tous saisis ! — Nous le voyions si robuste, tellement actif, que nous oubliions son âge ; les années s'accumulaient sur sa tête sans diminuer quoi que ce soit de sa mémoire, si bien douée et si largement meublée, de sa vaste intelligence, de son jugement si sûr, et cette activité, cette force, cette vigueur, tout cela s'est évanoui en quelques jours, sa lucidité d'esprit survivant jusqu'à la fin. — Chargé par votre Vice-Président de dire quelques paroles d'adieu sur sa tombe, je n'ai pu passer en revue sa vie si bien remplie, en me réservant de le faire ici, comme c'est mon devoir, d'après nos statuts. J'ai essayé alors bien faiblement de peindre votre douleur, je vais aujourd'hui faire mes efforts pour vous retracer les actes d'un médecin regretté par tous ses confrères.

Edme-François-Maximilien MICHELIN est né à Provins le 3 Août 1788. Ses ascendants paternels étaient imprimeurs à Provins ; son grand-père maternel. était notaire à Anglure (Marne) ; son père, orfèvre, rue de la Cordonnerie, lui fit prendre ses premières leçons à Provins, sous un maître instruit, puis l'envoya au collége de Meaux, où, d'après le témoignage d'un de ses condisciples, M. de Saint-Amand, il fit de très-bonnes études, et obtint de brillants succès dans toutes ses classes, se faisant déjà remarquer par une mémoire prodigieuse et une intelligence hors ligne. Il quitta le collége pour aller à Paris se livrer à l'étude des langues orientales, son intention étant d'entrer dans la diplomatie. Après avoir acquis ces nouvelles connaissances, il venait d'être désigné pour faire partie, comme attaché, d'une ambassade qui devait se rendre en Perse ; sa mère n'approuvant pas ce voyage, il cède à la sollicitude maternelle, revient aux langues anciennes, et se fait recevoir bachelier ès-lettres, le 21 Août 1812.

Il commence à étudier le droit, mais il ne paraît pas l'avoir terminé, et déployant déjà l'activité dévorante que nous lui connaîtrons plus tard, il fait, au collége de France, le cours d'hébreu comme suppléant de M. Audran, titulaire. A cette époque, il déchiffre plusieurs manuscrits des Aphorismes d'Hippocrate, écrits en caractères rabbiniques, et forme avec MM. Audran et Morel le projet de donner ces Aphorismes dans les diverses langues orientales. Au milieu d'une de ses leçons, un juif polonais d'un grand savoir tomba frappé d'apoplexie : les soins que M. Michelin lui donne pendant environ quinze jours qu'il survécut à cet accident, ouvrirent au profane le lieu où les Israélites lavent, purifient, habillent leurs morts avant de les confier à la terre ; il saisit ainsi toutes les occasions de s'instruire, et nous ne devons plus nous étonner du grand savoir que l'on trouvait dans ses entretiens. Toujours désireux d'apprendre, il se fait remplacer plusieurs fois pour se livrer à de nouvelles études. En mai 1813, le jeune savant est incorporé dans la garde d'honneur, dont il ne fit jamais partie, l'invasion étant survenue, et au mois d'octobre de la même année, il trouva dans son union avec Madame Michelin un bonheur qui ne s'est pas démenti pendant les 50 années qu'elle a duré ; l'épouse qu'il s'était choisie n'étant point jalouse de la science, qu'il continua toujours à chérir.

Nous l'avons déjà vu étudier avec fruit les langues mortes, et se faire recevoir bachelier ; les langues orientales, de manière à faire un cours d'hébreu au collége de France ; son droit ; et se livrer avec passion au goût très prononcé qu'il avait pour les courses minéralogiques ; maintenant il va commencer la science qui renferme toutes les autres. Pour s'y préparer, il étudie la physique, la chimie, l'histoire naturelle, et nous le trouverons bientôt étudiant en médecine, faisant déjà le sacrifice de sa vie pour remplir le nouveau devoir qu'il s'impose, car son maître de grec et de mathématiques « s'étant porté, le 31 mai « 1814, dans la plaine Saint-Denis, pour aider à rele-

« ver des blessés, auxquels il distribua son argent,
« son linge et ses habits, l'aspect du champ de bataille,
« le soleil qui frappe sa tête dégarnie de cheveux, lui
« causèrent une frénésie qui dégénéra bientôt en
« manie. » M. Michelin fut chargé de le conduire
dans sa famille, à 130 lieues de Paris. Pour com-
prendre toute la grandeur du sacrifice, il faut se rappeler quelles étaient les routes d'alors, et quels les
moyens de transport. Il fit ce voyage à pied, en car-
rosse, en charrette, et un jour, à Fontainebleau, il
aurait pu être victime de son dévouement, puisque le
pauvre fou, dans un accès terrible, faillit l'étrangler.
Mais bientôt il va payer un autre tribut à la science,
cette cruelle mâratre qui sème d'écueils et de dangers
les abords de son temple. Tous les ans, de malheureux jeunes gens, ardents eux aussi à l'étude, trop
occupés de ce qu'ils voient, ne sont pas assez prudents,
et des piqûres insignifiantes introduisent dans leur
sein le germe d'une infection qui les tuera. Tous le
savent et tous continuent parce que l'amour de la
science les soutient, et que là seulement s'acquiert ce
courage froid et réfléchi dont aura besoin plus tard le
médecin quand il se trouvera en présence d'une épidémie. Science de vie, souvent cause de mort pour tes
élèves, quelle est donc ta puissance, que l'aspect du
danger ne fasse pas reculer ces adolescents qui pleins
de santé et de force, font dès à présent le sacrifice de
leur existence pour approfondir tes mystères ! —
M. Michelin eut la gloire d'avoir souffert et le bonheur
d'avoir guéri. — Il nous raconte ainsi son accident :

« Vers la fin de 1817, en rompant maladroitement
les côtes d'un cadavre que je disséquais avec une
répugnance raisonnée, je me fis à la main droite une
piqûre assez profonde qu'on ne put cautériser qu'im-
parfaitement. Pendant deux jours, aucun symptôme
d'une inoculation vénéneuse ne se manifesta, mais
j'éprouvais une inquiétude vague et un grand décou-
ragement. Le troisième jour, des douleurs sourdes
puis vives et lancinantes, partirent du fond de la
plaie ; engorgement du bras, céphalalgie, insomnie,
fièvre qui, la nuit surtout, rendait cet état insuppor-
table... Deux mois s'étaient ainsi écoulés, » il vint à
Provins prendre les eaux, et la guérison fut complète.

Le 16 octobre 1819, il est reçu docteur, après avoir
soutenu une thèse, ayant pour titre : *Essai sur la Gym-
nastique et sur quelques-unes de ses Applications à la
Médecine.* — Nous avons ici la preuve de ses connaissances : cet ouvrage, fort étendu, est rempli de cita-
tions d'auteurs que l'on sent lui être familiers. Il
passe en revue tous les genres d'exercices, donnant
d'excellents conseils, trouvant moyen d'intercaller
dans le cours de son récit des observations de maladies
intéressantes. Déjà l'homme se trahit tout entier en
terminant sa thèse par un aphorisme d'Hippocrate
qui devint la règle de sa vie entière : — « Ne cherche
« ni les richesses ni les superfluités de la vie. Guéris
« quelquefois gratuitement, par le seul espoir de la
« reconnaissance et de l'estime des autres. Secours,
« si l'occasion s'en présente, l'indigent et l'étranger ;
« car si tu aimes les hommes, tu aimeras ton art. » —

Vous qui l'avez connu, vous savez s'il a dû aimer cet art, choisi à dessein parce qu'il savait qu'avec lui on peut le plus être utile à son prochain, et qu'à tous les instants de la vie, on trouve l'occasion de soulager des souffrances.

Il fixe sa résidence à Paris, et débute par être médecin du Bureau de Bienfaisance du 7ᵉ arrondissement; donnant carrière à sa charité, il soigne les pauvres depuis le 7 avril 1820 jusqu'au 3 mai 1830, et nous pouvons affirmer que ceux qu'il a visités ont dû toujours trouver en lui soins pour le corps malade, consolation pour l'âme en peine. La mission du médecin des pauvres, quand elle est bien comprise, n'est-elle pas sublime! Combien de souffrances morales doivent endurer ces malheureux ouvriers qui, cloués par la maladie sur leur grabat, voient autour d'eux toute une famille manquant des choses les plus indispensables à la vie, parce que la source en est tarie tant qu'ils ne peuvent travailler. N'est-ce pas que M. Michelin, jeune alors, devait avoir des paroles allant droit au cœur; qu'il ne devait ménager ni ses soins ni ses peines, lui qui, dans sa vieillesse, était si actif pour découvrir les affligés, si prompt à les consoler, à les soulager dans leurs misères.

Le Bureau de Bienfaisance ne suffisant pas à sa charité inépuisable, il accepte la place de médecin du dispensaire de la Société philanthropique, et en remplit les fonctions depuis le 1ᵉʳ juillet 1824, jusqu'au 1ᵉʳ juillet 1831.

Son dévouement et son abnégation méritaient une

récompense, aussi fut-il nommé, le 15 avril 1826,
médecin de la maison de Justice de la Conciergerie,
et des prisons de Sainte-Pélagie et de la Correction
paternelle. Toute sa vie se passa ainsi entre des
pauvres et des prisonniers, allant des uns aux autres,
montrant à ceux-ci l'espérance de la liberté pour les
soutenir dans leurs maladies, faisant entrer dans
l'âme de ceux-là la confiance en la Providence, et le
courage qui redonne les forces nécessaires au travail;
et cela jusqu'au 19 novembre 1831.

M. Michelin devait donner à chaque science
un gage de sa ferveur, et l'archéologie eut aussi sa
part. Dans une de ces excursions qui lui furent toujours si chères, enthousiasmé à la vue d'un lourd
fragment de pierre sculptée, il le saisit vivement,
l'attire sur lui et détermine une lésion qui, négligée
d'abord, douloureuse ensuite, devra finir par former
dans l'abdomen une tumeur pour laquelle il sera nécessaire de recourir au talent de Samson et de Dupuy-
tren. Un abcès volumineux, ouvert par ces deux émi-
nents chirurgiens, mit la vie de notre confrère en grand
danger. Il se rétablit très-difficilement de cette rude
atteinte à sa santé ; il quitta ses places et fut nommé,
par le Préfet de police, médecin en chef honoraire de
Sainte-Pélagie.

Il se souvint alors qu'il était enfant de Provins, que
son pays pourrait lui rendre cette vigueur qui paraissait perdue, et que là son activité trouverait encore à
s'occuper au milieu de ces ruines qu'il fallait exami-
ner, de ces vieux débris qu'il était nécessaire de ras-

sembler; il vint donc et ne voulut point faire de médecine, se contentant de visiter tous les malheureux qui venaient le chercher ou qu'il allait trouver.

A peine arrivé, il fut choisi en 1831 pour faire partie du Comité supérieur de l'instruction primaire, recevant ainsi la récompense due à son mérite et le témoignage que son savoir était connu et apprécié. Nommé délégué cantonnal pour l'instruction primaire, il n'a cessé depuis cette époque de s'occuper activement du collége; considérant tous les élèves presque comme ses enfants, il les suivait avec ardeur dans leurs études et s'enorgueillissait de leurs succès.

Cependant, une année de néfaste mémoire lui fournit une nouvelle occasion de faire éclater son dévouement : 1832 amène le choléra que l'on ne connaissait pas encore. On savait que ceux qui en étaient atteints mouraient, que ceux qui approchaient d'un malade étaient pris de la même maladie. Les récits de familles entières éteintes par le fléau, de pays ravagés par l'épidémie, n'étaient pas faits pour relever le courage abattu ; aussi l'épouvante fut-elle grande quand les premiers cas firent explosion. Ils étaient foudroyants, et chacun de fuir les pestiférés ; les amis, les parents disparaissaient, l'égoïsme régnait seul alors. C'était le moment promis à l'étudiant, moment contre lequel on aguerrit notre courage en nous le montrant toujours comme le but d'une vie d'étude et de rudes travaux. En effet, tandis que tous fuyaient un danger qui les frappait dans leur course rapide, les médecins donnèrent leurs soins aux moribonds, s'efforçant de faire rentrer le courage dans le cœur de ceux qui n'étaient pas malades. Ils prêchèrent d'exemple ; beaucoup payèrent de la vie leurs efforts pour arracher des victimes au fléau qui semblait ainsi heureux de se venger de ceux qui lui enlevaient sa proie. M. Michelin, qui n'était pas retenu par une clientèle, se multiplia. Tous les villages des environs le virent voler à leur secours ; mais où il déploya le plus d'ardeur, ce fut à Bray-sur-Seine. Toute la population était terrifiée par les ravages que faisait le choléra, et elle fut heureuse de le voir accourir. La plus robuste constitution supporte difficilement un si rude labeur. Or vous savez que M. Michelin était convalescent d'une maladie grave, ayant mis sa vie en danger ; aussi paie-t-il bientôt lui-même son tribut à son implacable ennemie : il est pris de cholérine et est forcé d'abandonner la lutte. On le ramène à Provins pour le soigner, le guérir ; mais à peine rétabli, sachant que Bray est toujours décimé, il part de nouveau, et aussitôt la fin de l'épidémie, toute la population reconnaissante de ses bons soins, de son abnégation, demande et obtient pour lui la décoration de la Légion-d'Honneur. Vous tous qui comme lui avez fait vos preuves en temps d'épidémie, ne pensez-vous pas que ce signe de l'honneur est bien dû au médecin qui froidement sacrifie sa vie là où tout le monde cherche un salut dans la fuite? Ne pensez-vous pas que ce courage est supérieur à celui du soldat qui, excité par le bruit, la fumée, la colère, se précipite pour tuer, au risque d'être tué? Notre mission est bien différente : si nous faisons le sacrifice de notre vie, c'est pour en sauver d'autres. A la même époque, M. Michelin fut nommé médecin des épidémies. Il devint bientôt membre du Conseil municipal et du Conseil d'arrondissement, et si plus tard il cesse d'en faire partie, c'est pour laisser la place à son gendre et essayer de goûter un repos si peu compatible avec sa nature.

Habitant de Provins, dont il était fier, ce qu'il désirait ardemment, c'était de voir conserver toutes les ruines, ornement de notre beau pays ; aussi, vous savez avec quelle convoitise il recherchait tout ce qui intéressait l'histoire, les monuments de son vieux Provins. Comme un avare, il entassait trésor sur trésor; grâce à lui, bien des objets ont été conservés, qui auraient été ou détruits ou perdus. Il avait son musée, et cette collection très-intéressante de parchemins, de livres, de pierres, de tableaux, fut sa passion. Que de pas, de démarches pour obtenir ce que l'on considérait comme rien ; mais l'objet convoité par lui acquérait de la valeur, et il lui fallait plus de peines pour l'avoir, plus de temps pour l'obtenir, car il mettait dans ses désirs une persistance incroyable, et, au bout de huit années, il se souvenait de l'endroit où étaient déposés deux fragments de marbre qu'il posséda peu de temps avant sa mort. Cette connaissance qu'il avait de toute l'histoire de l'ancien Provins, l'a fait nommer membre de la Société archéologique de Sens et correspondant du ministère de l'Instruction publique pour les travaux historiques. Il profita de cette nouvelle position pour faire obtenir des envois à la bibliothèque de la ville.

Mais son amour ne se concentrait pas sur notre cité; s'il la voulait heureuse et riche, il savait que ce but ne peut être atteint que par l'opulence de ce qui l'entoure, aussi portait-il le plus grand intérêt à l'agriculture et à tout ce qui s'y rattache. Membre du Comice agricole, son assiduité aux séances, ses communications importantes, ses sages conseils lui valurent l'honneur d'être choisi pour vice-président, et, certes, le Comice ne pouvait trouver un plus zélé champion.

Peut-être pensez-vous que tant de charges différentes, tant d'occupations diverses l'accablaient; qu'il ne devait plus avoir un instant à lui : vous vous trompez grandement. Il avait encore le temps d'étudier, il lisait beaucoup, sachant et disant qu'on apprend à tout âge Il faisait des démarches sans nombre dans l'intérêt d'une foule de personnes, car s'il n'a jamais rien demandé pour lui, il a su mettre une très-tenace et très-heureuse persistance pour faire obtenir à ses protégés ce qu'il croyait justement leur être dû. Il était le secours des affligés et le recours des petites gens dans la peine : quand il avait obtenu ce qu'il désirait, il se hâtait de prévenir les intéressés, et disparaissait pour éviter l'expression de leur reconnaissance. — Toutes ces démarches si nombreuses, qu'on ne sait comment il y suffisait, ne l'empêchaient pas d'être administrateur très-assidu des hôpitaux : toujours exact aux séances, il trouvait un très-grand plaisir à venir presque tous les matins à l'Hôtel-Dieu, visiter les malades. Là, il retrouvait bon nombre de ses obligés, et les reconfortait par de bonnes paroles. Toutes les semaines il montait à l'hôpital général, si régulièrement, qu'avant même de le savoir malade, on l'a supposé, parce qu'il est resté quinze jours sans faire sa visite accoutumée.

Il me reste à vous rappeler que vous l'avez choisi pour être le président de votre association. Quand, vers la fin de 1856, j'ai désiré la création de notre société, il accepta de grand cœur la proposition que je lui fis de nous en occuper, et m'encouragea dans toutes les démarches que j'eus à faire à cette époque. Vous l'avez vu si zélé pour notre œuvre qu'au mois de janvier 1857, alors que nous étions autorisés par M. le Préfet, vous l'avez acclamé comme président ; quand nous avons été réunis à l'association générale des médecins de France, vous l'avez à l'unanimité proposé à la nomination de S. M. l'Empereur. Depuis cette époque, vous n'avez eu qu'à vous louer de la douceur qu'il mettait dans ses rapports avec nous tous, et de la fermeté qu'il savait montrer quand il s'agissait de défendre nos droits ou nos intérêts. D'une urbanité parfaite dans les discussions, il savait respecter les opinions de tous et se soumettre à la majorité ; il désirait voir notre si noble profession honorée ; tout ce qui paraissait porter atteinte à la considération d'un de ses confrères le blessait très-vivement. Quel secours ne nous a-t-il pas prêté quand nous avons eu à poursuivre des charlatans? Complètement dégagé d'intérêt matériel dans la question, il pouvait insister davantage sans craindre qu'on l'accusât de ne penser qu'à l'argent. Il voulait la médecine grande et forte ; il désirait que tous les médecins ne fissent plus qu'une famille : il aurait voulu les voir tous faire partie de l'association, parce qu'il comprenait que ce contact fréquent doit diminuer les susceptibilités, et que l'obligation de se présenter devant ses pairs peut être un frein à la faiblesse humaine. Son plus grand bonheur était de se trouver au milieu de tous ses confrères: aussi, depuis la création de notre société, a-t-il à peine une fois manqué à nos séances. Dans ses derniers moments, ce qui le tourmente, c'est encore la présence à Provins d'un charlatan éhonté. Le 13 juillet, il m'écrivait ce billet :

« Mon cher collègue,

« Affaibli outre mesure, je me suis traîné hier au parquet, personne..... chez M.   personne... Une nouvelle hémorrhagie interne vient de m'abattre au point qu'il ne me reste de force que pour vous prier de me remplacer dans les démarches pressantes nécessitées par la prochaine arrivée d'un charlatan titré.

« Tout à vous. »

Il paraissait avoir eu tant de peine à écrire ces quelques lignes, que je courus le voir; je fus effrayé du changement opéré en quelques jours. Il conserva jusqu'au dernier moment sa présence d'esprit, et je pus lui donner la satisfaction de savoir que L..., cet oculiste ambulant, avait été obligé de quitter Provins, parce qu'il n'avait pas de droit pour exercer dans notre département. Malheureusement, je n'ai pu lui laisser ignorer que cet homme avait fait une opération ; c'est peut-être celle-là qui lui fut le plus désagréable, en raison du lieu où elle fut pratiquée. Ce n'était pas parce que L... n'est qu'officier de santé, que M. Michelin lui a fait défendre d'exercer à Provins : c'est seulement parce que c'est un charlatan, déshonorant le titre qu'il a acquis par des affiches, des annonces, des procédés que l'honneur et la dignité du corps médical nous obligent de réprouver.

Ainsi est mort M. Michelin, et vous direz avec moi qu'aucune vie ne fut mieux remplie. Il emporte avec lui les regrets de ceux qui l'ont connu, car il a cherché à être utile à tous. Constamment prêt à rendre service, on le voyait toujours en avant, et ce que quelques-uns lui reprochaient comme un défaut, n'était que l'exagération d'une excellente qualité. Il a conservé à la ville bien des curiosités, il lui a fait obtenir bien des faveurs, et un long temps se passera sans que l'on trouve un citoyen aussi désintéressé pour lui, aussi désireux d'obtenir pour les autres. Quant à nous, nous regretterons toujours le confrère qui tint haut et ferme l'honneur de la profession, qui prêcha toujours d'exemple, qui, étudiant, paya son tribut à la science, médecin, vola au devant du danger, au risque de trouver la mort dans l'épidémie, et dans sa vieillesse faillit encore être victime de son amitié ; en effet, le curé de sa paroisse étant dangereusement malade d'un phlegmon à l'avant-bras, M. Michelin le pansa continuellement, finit par s'inoculer un pus de mauvaise nature, et des plaies survenues à sa main droite, nous firent craindre un moment pour ses jours. Mais nous n'avons pas été les seuls à lui rendre les derniers devoirs, et Provins tout entier s'est porté à son convoi. On reconnaissait que dans toutes les classes de la société, il s'était fait des amis, chacun répétait ce qu'il avait fait de bien ; beaucoup de bonnes actions qu'il avait cru pour toujours laisser dans les ténèbres , étaient mises en lumière par la reconnaissance de ceux qui ne craignaient plus de blesser sa modestie. On l'avait connu bon, serviable, tout à tous , et la mort, ce terrible auxiliaire de la vérité, nous le montre excellent, dévoué, et s'oubliant lui-même pour ne penser qu'à ses protégés.

Provins, imp. Le Heriché.